# BEI GRIN MACHT SICH IHR WISSEN BEZAHLT

AF151500

- Wir veröffentlichen Ihre Hausarbeit, Bachelor- und Masterarbeit

- Ihr eigenes eBook und Buch - weltweit in allen wichtigen Shops

- Verdienen Sie an jedem Verkauf

Jetzt bei www.GRIN.com hochladen und kostenlos publizieren

**Bibliografische Information der Deutschen Nationalbibliothek:**

Die Deutsche Bibliothek verzeichnet diese Publikation in der Deutschen National-bibliografie; detaillierte bibliografische Daten sind im Internet über http://dnb.d-nb.de/ abrufbar.

**Impressum:**

Copyright © 2015 GRIN Verlag, Open Publishing GmbH
Druck und Bindung: Books on Demand GmbH, Norderstedt Germany
ISBN: 978-3-668-11922-2

**Dieses Buch bei GRIN:**

http://www.grin.com/de/e-book/313305/kolonialrassismus-und-rassistischer-antise-mitismus-historische-entstehung

Gero Hellmann

# Kolonialrassismus und rassistischer Antisemitismus. Historische Entstehung und Argumentationsstrukturen

GRIN Verlag

# Inhaltsverzeichnis

# 1. Einleitung

In dem Seminar zur Thematik der „Bildungssysteme und Sozialisationsinstanzen im innerstaatlichen und internationalen Vergleich: Rassismus und rassismuskritische Bildungsarbeit", in dem Modul „Erziehung, Bildung und Sozialisation in vergleichender und interkultureller Perspektive", setzten wir[1] uns mit den verschiedenen Formen des Rassismus auseinander. Aktuelle Begebenheiten machen diese Auseinandersetzung erforderlicher denn je. Spätestens seit den NSU-Morden und dem nun darauffolgenden NSU-Prozess, der Entstehung der Pegida-Bewegung, welche versucht Fremdenfeindlichkeit wieder salonfähig zu machen und die zunehmende Islam-und Ausländerfeindlichkeit, welche vor allem die zunehmende Anzahl von Asylsuchenden zu spüren bekommen, ist ein erneuter intensiver Diskurs über Rassismus und seine Formen notwendig. Jedoch ist der Rassismus keinesfalls ein bloßes Phänomen des 20. Jh. und 21.Jh.. Aus diesem Grund lohnt es sich einen Blick auf die Entstehung des Rassismus zu werfen, dies könnte einen Einblick in Entstehungshintergründe und Argumentationsmuster geben, die helfen könnten, um auf aktuelle Entwicklungen adäquat zu reagieren. Interessant ist es festzustellen inwieweit die beiden Formen des Rassismus sich ähneln oder unterscheiden, ob eine Form die Entwicklung der anderen Form gefördert oder beeinflusst hat. Die Ursprünge des Rassismus finden sich im Kolonialrassismus und dem rassistischen Antisemitismus (vgl. Fredrickson 2004, S. 21ff.). In der folgenden Seminararbeit wird zunächst eine Definition des Rassismusbegriffes vorgenommen und diese von anderen Begrifflichkeiten, wie beispielsweise Xenophobie und Diskriminierung, abgegrenzt. Anschließend werden der Kolonialrassismus und der rassistische Antisemitismus bzgl. ihrer historischen Entwicklung bzw. ihrem Entstehungshintergrund hin betrachtet und auf ihre Argumentationsstruktur und ihren Kernannahmen hin untersucht. Im Anschluss wird ein Fazit gezogen um die oben aufgeworfenen Fragen, zum Verhältnis der beiden Rassismusformen, soweit möglich, zu beantworten. Zum Schluss folgt ein kurzer Ausblick auf weitere Forschungsthemen.

# 2. Der Rassismusbegriff

Im folgenden Kapitel wird kurz auf den Begriff des Rassismus eingegangen. Dazu werden Charakteristika des Begriffes dargestellt, die kongruent in den meisten Definitionen zu finden sind. Im Anschluss werden der Begriff der Xenophobie und

---

[1] Personenbezeichnungen werden im Folgenden durchgängig geschlechtsneutral verwendet.

Diskriminierung in kurzer Form erläutert um als Abgrenzung zum Rassismusbegriff zu dienen.

Der Rassismus ist aktuell ein oft verwendeter und stetig unschärfer werdender Begriff geworden (vgl. Fredrickson 2004, S. 154). Weder in den Geisteswissenschaften, der Soziologie oder Psychologie herrscht eine allgemein akzeptierte Definition des Rassismusbegriffes (vgl. Naguib 2014, S. 13). Wie so vielen Begriffen die gesellschaftliche Strukturen beschreiben unterliegt auch der Begriff Rassismus einem steten Wandel. So kommt der Begriff an sich erst in den 1920er auf. Bereits in seiner Entstehung wird der Begriff sehr unterschiedlich genutzt. So wurde er einerseits ideologisch benutzt um den Unterschied zwischen der weißen und kaukasischen Rasse zu begründen. Die nordische Arierrasse wird als Herrenvolk der weißen Menschen stilisiert (vgl. Fredrickson 2004, S. 158f.). Andererseits wird er ebenfalls als antirassistischer Kampfbegriff genutzt (vgl. Naguib 2014, S. 12). Betrachtet man die Entwicklung in den letzten Jahrzehnten so wird deutlich, dass Rassismus sich früher meist in bewussten Überzeugungen und Ideologien wiederfinden ließ, wohingegen sich aktueller Rassismus meist in sozialen Praktiken und institutionellen Mustern äußert (vgl. Fredrickson 2004, S. 154).

Gemein ist jedoch den meisten Definitionen, dass sie im Kern folgendes unter Rassismus verstehen:

> *„Zuschreibung unveränderlicher oder dauerhafter Unterschiede zwischen menschlichen Abstammungsgruppen und die Benutzung dieser attribuierten Unterschiede zur Rechtfertigung ungleicher Behandlungen." (Fredrickson 2004, S. 159).*

Rassismus richtet sich somit meist gegen Menschen mit gemeinsamen physischen Merkmalen, Abstammung oder angeblicher geistiger Minderwertigkeit (vgl. Fredrickson 2004, S. 155). Im wissenschaftlichen Verständnis werden drei Formen bzw. Ausprägungen des Rassismus betrachtet.

- Biologismus und Kulturalismus
- Ideologie und Struktur
- Interpersonaler und institutioneller Rassismus

Im biologischen Rassismus werden Geno- und Phänotypen genutzt um mit ihrer Hilfe bestimmte vererbbare Merkmale mit Minderwertigkeit zu verknüpfen (vgl. Naguib 2014, S. 14). Im kulturellen Rassismus werden hingegen durch die Kultur angeeignete soziale und psychische Eigenschaften genutzt um die Minderwertigkeit zu legitimieren. Hierbei können die kulturellen Eigenschaften tatsächlich vorherrschen oder nur zugeschrieben sein (vgl. Naguib 2014, S. 14). Im ideologischen Rassismus steht der Prozess der Rassenkonstruktion im Vordergrund. Gesellschaftliche Stereotype und individuelle Vorurteile werden als Distinktion genutzt (vgl. Naguib 2014, S. 14). –Aufgrund von formalen und informellen Regeln innerhalb von Organisationskulturen kommt es im strukturellen Rassismus zu systematischen Privilegierung der eigenen Gruppe gegenüber der nicht dazugehörigen Gruppe. Dies kann bewusst aber auch unbewusst geschehen (vgl. Naguib 2014, S. 14f.). Der interpersonale Rassismus spiegelt Vorurteile und Handlungen zwischen konkreten Individuen dar, wohingegen der institutionelle Rassismus durch formelle Regeln und informellen Praxen geprägt ist, welche als Ausgrenzungsmechanismus genutzt werden. Bei all diesen Formen ist die Abgrenzung untereinander im realen Leben sehr schwierig, es existiert keine große Trennschärfe (vgl. Naguib 2014, S. 15).

Im Kontrast zum Rassismusbegriff ist der Begriff der Diskriminierung im Gesetz definiert und beschrieben. So ist Diskriminierung wenn jemand durch eine Handlung oder Unterlassung auslöst, die eine Person oder Gruppe aufgrund der im Gesetz festgelegten eindeutigen sozialen Merkmale, beispielsweise Geschlecht, Sprache, sexuelle Orientierung oder Hautfarbe, einem Nachteil ausgesetzt wird. (vgl. Naguib 2014, S. 34). Im Gegensatz zum Rassismus wird hier nicht davon ausgegangen, dass die Merkmale unveränderbar sind.

Ein weiterer Begriff der im Zusammenhang mit Rassismus häufig genannt wird ist der der Xenophobie bzw. Fremdenfeindlichkeit. Der Begriff ist wie der des Rassismus ebenfalls kein rechtlicher, vielmehr beschreibt er „eine mit Vorurteilen behaftete, ablehnende Grundhaltung gegenüber Menschen(gruppen), die darin gründet, dass sie von der Mehrheitsgesellschaft als kulturell fremd empfunden oder bezeichnet werden." (Naguib 2014, S. 63).

Beide Begriffe ähneln zu einem bestimmten Grad dem des Rassismus, was deutlich macht warum es so schwierig ist eine allgemeingültige und anerkannte Definition zu publizieren. Jedoch sind im besonderen Maße zwei Menschengruppen im Laufe der letzten Jahrhunderte zum Opfer des Rassismus geworden, die „people of color" und Juden. Aus diesem Grund wird im nächsten Kapitel der Kolonialrassismus, der sich im

Schwerpunkt mit der Versklavung von Menschen aus Afrika befasst, und darauffolgend der rassistische Antisemitismus behandelt.

## 3. Der Kolonialrassismus

Im folgenden Kapitel wird der Kolonialrassismus bzgl. seiner historischen Entwicklung und seinen Strukturen der Argumentation betrachtet. Unter Kolonialrassismus versteht man die rassischen Betrachtungen von sogenannten „people of color", sowie dessen Ausbeutung, Versklavung und Diskriminierung (vgl. Fredrickson 2004, S. 155). Des Weiteren umspannt er den Zeitraum der ersten Entdeckungsfahrten, Expeditionen und Kolonien bis zur Mitte des 20. Jh. (vgl. Miles 2014, S. 29ff.).

### 3.1 Die historische Entwicklung des Kolonialrassismus

Die im 15. Jh. entstehenden europäischen Nationalstaaten suchten ihre politischen und wirtschaftlichen Grenzen bzw. Einflussgebiete zu erweitern. Dies führte zu den Entdeckungsfahrten und der Kolonisierung (vgl. Miles 2014, S. 30). Die Europäer traten somit erstmalig mit nicht-islamischen Menschen in Kontakt. Geprägt war dieser jedoch äußerst rasch durch Konkurrenzkämpfe um Territorien, der Einführung des Rechts auf Privatbesitz, dem Missionierungsbedürfnis und der großen Nachfrage nach günstigen Arbeitskräften seitens der europäischen Kolonisatoren (vgl. Miles 2014, S. 30).

Zu Beginn wurde der Kolonialrassismus genutzt um die imperiale Expansion zu rechtfertigen, diese Aufgabe wandelte sich jedoch und der Kolonialrassismus wurde herangezogen um die aufkommenden Rassentheorien und der damit folgenden Annahme des Überlebenskampfes jeder Rasse, sowie die Überlegenheit der Koloniemächte zu begründen (vgl. Geulen 2014, S. 85). Kriege um Kolonien wurden somit zu biopolitischen Existenzkämpfen (vgl. Geulen 2014, S.85). Ab dem 16. Jh. prägten Reiseberichte die Wahrnehmung der Europäer von Menschen in den Kolonien. Entdecker, Kaufleute und Missionare reisten meist mit einem vorgeprägten Bild bzgl. der Charaktereigenschaften der Völker, welche sie zu begegnen erwarteten (vgl. Miles 2014, S. 21). Diese Vorstellungen fanden meist ihren Ursprung in Darstellungen von fremdländischen Menschen aus dem Mittelalter, vor allem das Bild der Afrikaner war dadurch stark geprägt (vgl. Miles 2014, S. 21). Allerdings beschrieben" die Berichte oftmals genau jene Aspekte afrikanischen Lebens (...), die im Westen als äußerst abstoßend gelten mussten (...)" (Cutin 1965, S. 23). Die Betrachtung der Nicht-Europäer war jedoch keinesfalls homogen in Europa. In Russland wurde beispielsweise kaum eine

4

Beschreibung der physischen Erscheinung vorgenommen (vgl. Miles 2014, S. 32). Weithin verbreitet und anerkannt war jedoch die Ansicht, dass Afrikaner wild, grausam oder gewalttätig sein mussten. Der Glaube, dass Afrikaner Kannibalen waren, war in Europa weit verbreitet (vgl. Miles 2014, S. 36).

Die Kolonisierung fand nicht überall homogen statt. In Süd- und Nordamerika waren sie sehr gewaltsam und verbunden mit Zwangsarbeit und politischer Unterwerfung. In Kanada und Neuseeland kam es jedoch bis zu einem bestimmte Grad zu einer Anpassung und einem Austausch (vgl. Miles 2014, S. 36). Die Kolonisierung an sich vollzog sich oft sehr einseitig. Dies bedeutet, dass die Kolonialmächte ihre Interessen verfolgten obwohl sie meist konträr zu denen der Eingeborenen standen. Die stark ungleich verteilten militärischen Kräfte begünstigten die Kolonialmächte. Ihre Interessen wurden oftmals mit verschiedenen Graden von Gewalt verfolgt und umgesetzt (vgl. Miles 2014, S. 36).

Neben politischen, militärischen und wirtschaftlichen Interessen hatte die Kolonialisierung im weiterem das Ziel den Eingeborenen die Zivilisation der Kolonisatoren näherzubringen (vgl. Miles 2014, S. 37). Allerdings führte dies wiederum zu einer politisch-ideologischen Rückwirkung in den jeweiligen Nationalstaate. Im 18. Jh. beispielsweise kommt, in Großbritannien, Kritik an der Sklaverei in Nordamerika auf (vgl. Miles 2014, S. 37).

Die Lebensbedingungen und Lebensart in Afrika ermöglichten bzw. begünstigten die Kolonialisierung durch die europäischen Nationalstaaten. In Afrika herrschte eine Subsistenzwirtschaft vor, sowie eine durch die geografischen Gegebenheiten erzwungenes Nomadenleben (vgl. Miles 2014, S. 138). Um an günstige Arbeitskräfte zu gelangen mussten die Kolonialmächte die einheimische Bevölkerung dazu bringen ihre Subsistenzwirtschaft aufzugeben. Unteranderem wurde dies durch einfache Landeinnahme erreicht, welche sich oft durch Gewalt vollzog (vgl. Miles 2014, S. 139). So wurden ertragreiche Landstriche unter Besitz gebracht und die Eingeborenen in sogenannte Reservate abgeschoben (vgl. Miles 2014, S. 139f.). Die Rekrutierung von günstigen Arbeitskräften wurde oftmals durch direkte oder indirekte Zwangsmaßnahmen erreicht (vgl. Miles 2014, S. 140f) Folgende Maßnahmen waren weit verbreitet und wurden intensiv genutzt. Die klassische Zwangsarbeit wurde genutzt um Infrastrukturen, wie Bahngleise und Straßen, zu bauen. Hierfür mussten die von den Kolonialherren eingesetzten Häuptlinge ein bestimmtes Kontingent an Arbeitskräften zur Verfügung stellen (vgl. Miles 2014, S. 141). Indirektere Zwangsmaßnahmen waren das „Squatter-

System" und die Lohnarbeit. Das „Squatter-System" beschreibt die Ansiedlung von afrikanischen Gemeinschaften auf Ländereien, welche sich im Besitz von Europäern befinden. Im Austausch für ihre Arbeitskraft ist es der Gemeinschaft gestattet auf einem Teil der Ländereien ihre Subsistenzproduktion auszuüben (vgl. Miles 2014, S. 141). Bei der Lohnarbeit werden mithilfe von Steuern, welche an den Kolonialstaat entrichtet werden müssen, die Afrikaner gezwungen einer Tätigkeit nachzugehen. Zunächst wurde diese Steuer als Hüttensteuer bezeichnet, wandelte sich aber 1910 zur Kopfsteuer welche um 1920 sogar erhöht wurde (vgl. Miles 2014, S. 142). Nach dem Ende des zweiten Weltkrieges kommt es zu einer weltweiten Dekolonisierung (vgl. Schubert / Klein 2011, S. 86).

## 3.2 Die Argumentationsstruktur des Kolonialrassismus

Die Imperialpolitik des 19. Jh. machte es erforderlich über neue Zugehörig-keitsordnungen, welche bestimmen wer und wer nicht Teil des Staates ist, nachzudenken (vgl. Geulen 2014, S. 82). Es kam zu einer Ethnisierung der Nation sowie einer rasentheoretischen Begründung einer Überlegenheit über andere Rassen (vgl. Geulen 2014, S. 83). Mit Beginn des 19. Jh. wird die Nation nunmehr als Rasse wahrgenommen, es kommt zu einem entpolitisierten, ethnischen und biologisierten Verständnis von Nation. Die Zugehörigkeit zu einem Nationalstaat ist keine freie Entscheidung mehr sondern natürlich, durch die Geburt und das Blut, festgelegt (vgl. Geulen 2014, S. 79). Als fremd und bedrohlich wurden Personengruppen von der Gesellschaft wahrgenommen, welche als nichtdazugehörig galten (vgl. Geulen 2014, S. 79).

Dieser geschaffene Rassenbegriff wird von den Kolonialmächten genutzt, sodass das Verhältnis zwischen Kolonialherren und Kolonisierten beschrieben werden kann, um somit das Verhalten der Kolonisatoren zu rechtfertigen (vgl. Geulen 2014, S. 82). Dies ist jedoch nicht die einzige Anwendung des Rassenbegriffs. Neben der Rechtfertigung wird damit die Theorie der Nation als Rasse dargestellt, welche sich im steten Überlebenskampf befindet. Es ermöglicht somit Personengruppen oder Gruppierungen als Rassenfeinde oder Rassengefahr zu bezeichnen und Repressalien ihnen gegenüber zu rechtfertigen (vgl. Geulen 2014, S. 82). Das Wissen über fremde Völker liefern in der Kolonialzeit meist Rassentheoretiker, welche ihr Wissen aus Darstellungen aus dem Mittelalter ableiten (vgl. Geulen 2014, S. 84). Die meist große Diskrepanz zwischen diesem Wissen und der vorherrschenden Realität in den Kolonien wurde durch den Einsatz von Gewalt seitens der Kolonialmächte kompensiert (vgl. Geulen 2014, S. 84f.).

Die Europäer nahmen vor allem aufgrund der Hautfarbe und der Nacktheit vieler afrikanischer Stämme eine Differenzierung von sich selbst vor. Im Weiteren war der afrikanische Charakter für die Europäer von großen Extremen geprägt (vgl. Miles 2014, S. 38). Einerseits galten sie als faul, abergläubisch bzw. heidnisch, wild und feige. Andererseits herrschte das Bild vom edlen Wilden, der höflich, edel und respektvoll gegenüber älteren Personen war, vor (vgl. Miles 2014, S. 38f.). Jedoch blieb bis in das 19. Jh. der Glaube bestehen, dass Afrikaner Kannibalismus ausüben würden (vgl. Miles 2014, S. 39). Aufgrund der ihnen zugeschriebenen Eigenschaften sahen die Europäer die Afrikaner, im Vergleich zu sich selbst, auf einer niedrigeren Stufe der Skala des menschlichen Fortschritts (vgl. Miles 2014, S. 39). So beschrieb ein Angestellter der Imperial British East Africa Company das Verhältnis folgendermaßen:

*Die Fähigkeit, eingeborene Rassen anzuleiten, ist eine der Erbschaften unserer Rasse, auf die wir mit Recht stolz sein können (Bennett 1965, S. 314).*

Allerdings wurde vor dem 18. Jh. nur selten von Afrikaner als Nicht-Menschen gesprochen. Die Ausbeutung und Sklaverei wurde unteranderem damit gerechtfertigt, dass sie für Arbeit in tropischen Klimazonen besser geeignet wären als Europäer (vgl. Miles 2014, S. 41). Ein weiter Standpunkt der Rechtfertigung der Sklaverei war die Annahme, dass die Sklaverei den Afrikaner eine Möglichkeit bieten würden ein Teil der Zivilisation und des Fortschritts zu werden (vgl. Miles 2014, S. 42). Nur selten wurde die Sklaverei dabei biologisch begründet (vgl. Miles 2014, S. 42f.).

Die ökonomischen, militärischen und politischen Interessen in den Kolonien wurden mit Hilfe von Rassenkonstruktionen und Rassismus verfolgt (vgl. Miles 2014, S. 135). In der Konstruktion der Rassen sahen sich die Kolonisatoren als Bringer der Zivilisation für die wilden Völker (vgl. Miles 2014, S. 137). Dieser Prozess der Rassenkonstruktion beschränkte sich nicht auf die Kolonien, viel mehr wurde sie auf die Weltbevölkerung angewendet. Es kam zu Entwürfen von geeigneten und ungeeigneten Rassen (vgl. Miles 2014, S. 137). Der Kolonialrassismus stellt in seiner Grundform eine Form von Klassenideologie dar. Die „Herrenrasse der weißen Kolonisatoren" steht gegenüber den schwarzen Afrikanern als Sklaven und billige Arbeitskräften (vgl. Miles 2014, S. 138). Mit dem Kolonialrassismus beginnt die Einteilung von Menschen in Rassen mit bestimmten natürlichen Fähigkeiten und Werten. Diesen Rassenkonstruktionen wurden unterschiedliche Ränge bzw. Wertigkeiten zugerechnet. Biologische Kriterien bestimmten fortan die Position bzw. den Stellenwert in der Gesellschaft (vgl. Miles 2014,

S. 138). Rassismus diente somit nicht mehr nur als Legitimation der Ausbeutung von Menschen, sondern auch zur Konstruktion des sozialen Gefüges, welches die Bevölkerung in natürliche Klassen gliederte (vgl. Miles 2014, S. 138).

## 4. Der rassistische Antisemitismus

Im folgenden Kapitel wird der rassistische Antisemitismus bzgl. seiner historischen Entwicklung und seinen Strukturen der Argumentation betrachtet. Aufgrund der äußerst komplexen und vielseitigen Verfolgung, der jüdischen Glaubensgemeinschaft im Laufe der letzten 2000 Jahre, wird in dem folgenden Kapitel nur ein kurzer historischer Überblick gegeben, mit Schwerpunkt auf dem deutschsprachigen Raum. Unter rassistischem Antisemitismus versteht man die Betrachtung von Juden als Rasse. Sie werden nicht mehr als bloße Religionsgemeinschaft verstanden sondern als Rasse, Nation oder Volk (vgl. Fredrickson 2004, S. 89). Im Weiteren wird er als Legitimation für Diskriminierung, Ausgrenzung und Verfolgung benutzt (vgl. Fredrickson 2004, S.

### 4.1 Die historische Entwicklung des rassistischen Antisemitismus

Der im 19. Jh. aufkommende rassistische Antisemitismus findet seine Wurzel im Antijudaismus und Judenfeindlichkeit bzw. Ressentiments gegenüber Juden in den vorangegangenen Jahrhunderten. Der Antijudaismus besteht seit dem Beginn des Christentums (vgl. Fredrickson 2004, S. 22). Dieser wurde ausgelöst aufgrund der Weigerung der Juden Jesus Christus als Messias anzuerkennen und ihren Unwillen sich zum Christentum zu bekennen (vgl. Fredrickson 2004, S. 22). Während der Kreuzzüge, im 11. bis 13. Jh. kam es vermehrt zu Gewalttätigkeiten gegenüber Juden (vgl. Fredrickson, S. 23). Im Spätmittelalter kam der Volksmythos auf, der Juden die Menschlichkeit absprach und sie dämonisierte. Desweitern wurden ihnen Blasphemien gegenüber des Christentums vorgeworfen (vgl. Fredrickson 2004, S. 24). Es kam zu einer Stigmatisierung der Juden und die Annahme verbreitete sich, dass Juden böse Absichten gegenüber Christen hätten (vgl. Fredrickson 2004, S. 25).

> *„Not a human being but a demonic, a diabolic beast fighting the forces of truth and salvation with Satan's weapons, was the Jew as medieval Europe saw him". (Trachtenberg 1983, S. 18).*

Dieser Glaube wurde in der Regel nicht von katholischen Kirche geteilt bzw. unterstützt (vgl. Fredrickson 2004, S. 25).

Im 15. Und 16. Jh. treten erste Züge vom rassistischen Antisemitismus auf. In Spanien wurden zum Christentum konvertierte Juden registriert und diskriminiert (vgl. Fredrickson 2004, S. 35). Unter der Behauptung die Unreinheit des jüdischen Blutes verhindere eine tatsächliche Bekehrung, wurde eine sogenannter „Nachweis des Blutes" bzw. über die „Reinheit des Blutes" eingeführt. Dieser diente zur Ausgrenzung, vor allem aus Institutionen und Behörden (vgl. Fredrickson 2004, S. 37). Im 16. bis 17. Jh. nahmen die Pogrome gegen Juden in Europa ab. Mit Beginn der Aufklärung, dem Aufkommen des aufklärerischen Gedanken, das alle Menschen gleich geschaffen wären, und den Revolutionen in Frankreich und Nordamerika musste die Behandlung von Juden in Frage gestellt werden (vgl. Fredrickson 2004, S. 67). In Frankreich wurden diskriminierende Gesetze und Beschränkungen aufgehoben, welche jedoch unter Napoleon wieder eingeführt wurden. Allerdings trieb Napoleon in den eroberten Gebieten die Emanzipation der Juden voran. (vgl. Fredrickson 2004, S. 68). Bis zum 19. Jh. war der vorherrschende Rassismus gegenüber Juden hauptsächlich kulturell bedingt (vgl. Fredrickson 2004, S. 78). Die politische Forderung nach Gleichberechtigung der Juden kam das erste Mal im deutschen Sprachraum in der Paulskirchenversammlung 1848 auf. Umgesetzt wurde sie allerdings erst während der deutschen Reichseinigungskriege. Innerhalb des Norddeutschen Bundes und des deutschen Kaiserreiches wurden den Juden volle staatsbürgerliche Rechte gewährt, innerhalb der einzelnen Länder kam es jedoch noch immer zu staatlicher Diskriminierung (vgl. Fredrickson 2004, S. 80). Trotz der relativ guten Integration der Juden zur Zeit des Kaiserreichs blieben sie Repräsentanten der einzig nennenswerten Subkultur im deutschen Raum. Mit der zunehmenden Bildung einer deutschen Nationalgemeinschaft werden die Juden vermehrt als „etablierte Außenseiter" wahrgenommen (vgl. Fredrickson 2004, S. 87). Pogrome gegenüber Juden im Kaiserreich waren selten, allerdings setzen sich der Antisemitismus als eine neue Weltdeutung in großen Teilen der Bevölkerung fest (vgl. Fredrickson 2004, S. 88). Der Antisemitismus wird zum bürgerlich-nationalen Selbstverständnis des 19. Jh. und ein transnationales Phänomen (vgl. Fredrickson 2004, S. 88).

## 4.2 Die Argumentationsstruktur des rassistischen Antisemitismus

Der Unterschied zwischen dem Antijudaismus und zu dem Antisemitismus besteht in der Annahme, dass die Juden trotz ihrer „Erbsünde", der Kreuzigung der Jesus Christus, zum Christentum bekehrt werden und Seelenheil erlangen könnten (vgl. Fredrickson 2004, S. 22). Im Antisemitismus wird kein Versuch der Bekehrung unternommen, viel mehr zielt er auf die Beseitigung von Juden ab. Zum rassistischen Antisemitismus wird dieser wenn die Annahme vorherrscht, dass die Juden eine Rasse seien deren unterstellte Bösartigkeit und Schlechtigkeit biologisch bedingt ist (vgl. Fredrickson 2004, S. 23).

Das wissenschaftliche Denken der Aufklärung hat einen großen Einfluss auf die Entwicklung von Rassenkonstruktionen (vgl. Fredrickson 2004, S. 58). Im Jahr 1735 gliederte der Naturforscher Carl von Linné die Gattung des Menschen in unterschiedliche Variationen, welche einen unterschiedlichen Wert besaßen (vgl. Fredrickson 2004, S. 58). Fortgeführt wird dieser Ansatz von Johann Friedrich Blumenbach, welcher als Vater der physischen Anthropologie gilt. Er vertrat die Annahme, dass die weiße kaukasische Rasse die ursprüngliche sei, von der sich die anderen Abgespalten hätten (vgl. Fredrickson 2004, S. 59). Der ethnologische Diskurs im 19. Jh. war geprägt von der Annahme einer Polygenese des Menschen, so soll die Menschheit aus 3 bis 5 Arten bestehen welche mit sehr unterschiedlichen Eigenschaften und Fähigkeiten ausgestattet seien (vgl. Fredrickson 2004, S. 68). Die Rassenkonstruktionen und Rassentheorien wurden genutzt um zu begründen warum kein Zusammenleben verschiedener Rassen möglich sei (vgl. Geulen 2014, S. 87f.). Nach dieser Annahme ist eine Nationalgemeinschaft nur in einer homogenen Reinheit zu finden (vgl. Geulen 2014, S. 88). Es kommt zu einem ethnischen Verständnis von Nation, die die Zugehörigkeit allein abhängig macht von Blut und Genen (vgl. Fredrickson 2004, S. 72). Laut den vorherrschenden Theorien der Rassentheoretiker widersprach das deutsche Judentum einem angestrebten rassisch reinen deutschen Staat (vgl. Geulen 2014, S. 88). Durch das Judentum war nun somit das identitätsstiftende Wesen der deutschen Rasse in Gefahr, was für die Antisemiten die Juden zur fundamentalen Gegenrasse machte (vgl. Geulen 2014, S. 88). Vorreiter diesen rassistischen Nationalismus war Johann Gottfried Herder, er vertrat die Annahme das „jeder ethnischen Gruppe oder Nation (…) ein einzigartiger und mutmaßlicher ewiger Volksgeist eigen […]" sei. (Herder, zit. nach Fredrickson 2004 S. 73). Fremde Einflüsse, kosmopolitisch oder kulturell, würden der Nation nur Schaden und ein nichtheimisches Volk sei daher stets eine Bedrohung für die einheimische Bevölkerung (vgl. Fredrickson 2004, S. 73). Der Versuch der Assimilation durch den politischen Willen des deutschen Kaiserreichs traf auf große Ablehnung in der Bevölkerung. Ein Großteil ging davon aus das eine Assimilation der Juden nicht möglich sei. Diese Annahme war eine der Hauptursachen für den rassistischen Antisemitismus (vgl. Fredrickson 2004, S. 75). Im Jahr 1879 wurde von Wilhelm Man der Begriff des Antisemitismus geprägt. Er war der Überzeugung, dass die Juden die Vorherrschaft über Deutschland anstreben und unterstellte ihnen eine angeborene Bösartigkeit (vgl.

Fredrickson 2004, S. 81). Der Kampf zwischen „Semiten" und „Arischen" war beherrschend für das ausgehende 19. Jh. und den Anfang des 20. Jh. (vgl. Geulen 2014, S. 86). Es gab den in weiten Teilen Europas vorherrschende Judenfeindlichkeit die „Form einer scheinbar systematischen Ideologie und Weltdeutung (…)." (Geulen 2014, S. 87). Der rassistische Antisemitismus gewinnt im 20. Jh. stark an Bedeutung und findet seinen Höhepunkt im Nationalsozialismus von 1933- 1945.

# 5. Fazit

Einer der fundamentalsten Unterschiede besteht in den jeweiligen Opfern der Rassismen. Einerseits finden wir die „people of color", Indianer, Menschen aus Afrika, grundsätzlich so gut wie alle nicht Europäer etc., und andererseits die Juden, eine Glaubens- gemeinschaft. Die Wurzeln dieser beiden Formen finden sich in unterschiedlichen Epochen. Der rassistische Antisemitismus findet seine Vorläufer im frühen Mittelalter, in welcher der Jude als Dämon dargestellt wird (vgl. Kap. 4.1). Wohingegen die Wurzeln des Kolonialrassismus erst im 16. bis 17. Jh. mit Beginn der Kolonialisierung zu finden sind (vgl. Fredrickson 2004, S. 33). Auch waren die Argumentationen durchaus unterschiedlich. Dem Juden wurde bis in das 19. Jh. vor allem ein religiöse Feindseligkeit entgegengebracht aufgrund der „Erbsünde", der Kreuzigung Jesus Christus. Nur eine Bekehrung zum Christentum konnte das Seelenheil retten (vgl. Kap. 4.1). Der Kontakt mit den Afrikanern war durch die überlieferten Bilder des „edlen Wilden" geprägt. Sie galten zwar als Heiden, da sie bis zu Kolonisierung noch keinen Kontakt zu Europäern gehabt hatten, allerdings galt ihr Unwissen nicht wie bei den Juden als eine bewusste Entscheidung gegen den christlichen Glauben (vgl. Fredrickson 2004, S. 21ff.). So wurden die Juden Opfer einer starken Ausgrenzung, wohingegen die Afrikaner durch Sklaverei und Zwangsdienst einen „Weg zur Zivilisation" eröffnet wurde (vgl. Kap. 3.1 u. 3.2). In der Behandlung gleichen sich die zunehmende Ghettoisierung der Juden und die Bildung von Reservaten für afrikanische Stämme in den Kolonien. Jedoch in dem sozialen Status und der gesellschaftlichen Akzeptanz unterschieden sich die beiden Formen stark. Ehemalige Sklaven und für Lohn tätige Afrikaner mussten hauptsächlich mit den Unterschichten der weißen Bevölkerung konkurrieren (vgl. Fredrickson 2004, S. 90). Trotz Berufseinschränkungen genossen Juden in Europa einen besseren Status, zumindest finanziell. Sie konkurrierten eher mit der Mittelschicht und im späten 19. Jh. mit der Oberschicht (vgl. Fredrickson 2004, S. 90ff.). Nahm die positive Haltung gegenüber Sklaverei im 19. Jh. ab, so gewann der Antisemitismus unter der Aufklärung an Bedeutung. Obwohl die Rassentheorien im Kontext der Kolonialisierung entstanden sind finden sie starke Verwendung bei Juden. Aus der Glaubensgemeinschaft, bestehend aus heterogenen Gruppen, wird eine homogene Rasse geschaffen. Das Judentum ist nun mehr keine Religion sondern ein erbliches Merkmal (vgl. Kap. 4.1 u. 4.2). Die Rassenkonstruktion findet im rassistischen Antisemitismus seinen Höhepunkt. Der Kolonialrassismus ist allerdings nicht der Vorgänger des Antisemitismus. Die Diskriminierung bzw. Ausgrenzung gleicht sich in einigen Aspekten, trotzdem ist die Argumentationsstruktur höchst unterschiedlich. Die aufkommenden Rassentheorien im Kolonialrassismus förderten bzw. ermöglichten den rassistischen Antisemitismus. Der Kolonialrassismus nahm jedoch nie die Züge einer systematischen Vertreibung und Vernichtung an wie es der Antisemitismus Mitte des 20. Jh. in Europa zu Tage trat.

# 6. Ausblick

Jeweils der Kolonialrassismus sowie der rassistische Antisemitismus bieten Betrachtungsmöglichkeiten für weitere Arbeiten. So könnte man den Kolonialrassismus in Bezug auf die unterschiedlichen Kolonien und Kolonieherren betrachten. Die Frage ob diese Form des Rassismus eine homogene Entwicklung in sämtlichen Kolonien war oder ob es Abstufungen gab, wäre interessant zu betrachten. Des Weiteren könnte man noch dezidierter auf die Argumentation des Kolonialrassismus und die zugrundeliegende Rassentheorien der Rassentheoretiker eingehen. Das gleiche gilt für den rassistischen Antisemitismus. Sehr interessant wäre eine Betrachtung welche Positionen Aufklärer wie Voltaire und Philosophen wie Kant zum Antisemitismus einnehmen und inwieweit diese die Entwicklung den rassistischen Antisemitismus beeinflusst haben. Im Weiteren könnte man einen größeren Vergleich ziehen und den Antiziganismus und die Islamfeindlichkeit als weitere Vergleichsmöglichkeiten in Betracht ziehen.

# Literaturverzeichnis

Bennett, G. (1965): Settlers and Politics in Kenya, in: Harlow, V. / Chiver, E. M. (Hrsg.): History of East Africa, Bd. 2, Oxford.

Fredrickson, G. M. (2004): Rassismus – Ein historischer Abriß, Hamburg.

Geulen, C. (2014): Geschichte des Rassismus, 2. Aufl., München

Miles, R. (2014): Einführung in die Geschichte und Theorie eines Begriffs, 4. Aufl., Hamburg.

Naguib, T. (2014): Begrifflichkeiten zum Thema Rassismus im nationalen und internationalen Verständnis – Eine Auslegeordnung unter Berücksichtigung des Völker- und Verfassungsrechts, Bern.

Plumelle-Uribe, R. A. (2004): Weisse Barbarei – Vom Kolonialrassismus zur Rassenpolitik der Nazis, Zürich.

Schubert, K. / Klein, M. (2011): Das Politiklexikon, 5. Aufl., Bonn.

Trachtenberg, J. (1983): The Devil and the Jews. Medieval Conception of Jew and Its Relation to Modern Antisemitismus, Yale.